Notice Sur La Vraie Croix De St-Guilhem-Du-Desert

G. Severac

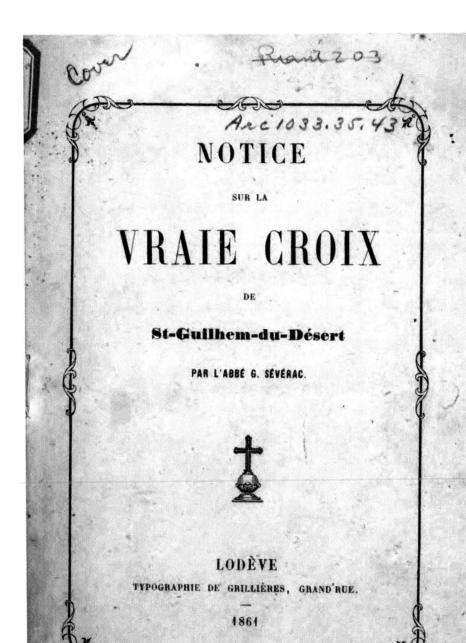

NOTICE

SUR LA

VRAIE CROIX

DE

St-Guilhem-du-Désert

PAR L'ABBÉ G. SÉVÉRAC.

LODÈVE

TYPOGRAPHIE DE GRILLIÈRES, GRAND'RUE.

—

1861

NOTICE

SUR LA VRAIE CROIX

DE ST.-GUILHEM-DU-DÉSERT

Prononcer le nom de St-Guilhem, c'est rappeler une des plus belles pages de notre histoire catholique ; c'est faire revivre une grande figure des temps passés, Guilhaume, ce noble duc d'Aquitaine, ce glorieux vainqueur des Sarrasins, qui se présente à nous comme le type parfait du soldat chrétien et de l'humble moine. C'est faire revivre encore le souvenir de l'un des plus opulents monastères du Midi, où l'art chrétien avait répandu avec profusion toutes ses beautés et dont le nom se confond avec celui de son saint fondateur, Guilhem. Aujourd'hui, la demeure des saints n'est plus, le marteau révolutionnaire et plus encore le malheur des temps ont détruit l'œuvre des pieux moines, et, au milieu de toutes ces ruines, le voyageur peut encore contempler une partie de ces murailles primitives qui semblent n'être restées debout que pour protester contre tant de crimes.

Je dirai un mot de toutes ces grandes choses, car il nous reste, à nous, un souvenir impérissable; mais il est, dans cette humble vallée, une chose qui a survécu à tous ces orages et qui a toujours fait l'orgueil et la gloire du pays, c'est la relique insigne de la vraie croix; c'est à elle que je consacre ce petit travail; je le lui offre comme un faible témoignage de mon attachement et de mon amour.

I

La relique de la vraie croix que possède
le village de St-Guilhem est la plus authen-
tique et une des plus considérables qu'il y
ait dans le monde catholique, si on excepte
celle qui est à Rome. Après le crucifiement
de Jésus-Christ, les instruments du supplice
furent enfouis sur la montagne du Calvaire,
selon la coutume des Juifs, qui faisaient ainsi
disparaître, comme un objet d'horreur, tout
ce qui avait servi à l'exécution des condamnés.
Les ennemis de la nouvelle religion firent élever
en ce lieu un temple à Vénus et une statue
à Jupiter, afin d'anéantir par là le souvenir
de l'Homme-Dieu. En l'année 336, lorsque
l'empereur Constantin eut rendu la paix à
l'église, Sainte-Hélène, sa mère, entreprit le
voyage de Jérusalem, dans l'espoir de décou-
vrir le bois sacré dont le signe avait conduit
son fils à la victoire contre Maxence. Après
avoir pris les informations nécessaires, la
pieuse princesse fit démolir le temple payen,

et ce fut le 3 mai, après avoir fait de grandes
fouilles , qu'on découvrit divers objets qui
avaient servi au crucifiement du Christ. Mais il
y avait trois croix, et l'on ne savait comment
distinguer celle du Sauveur de celle des deux
larrons, le titre qui portait l'inscription étant
détaché. Dans cet embarras, Saint-Macaire ,
évêque de Jérusalem, après avoir adressé à
Dieu de ferventes prières , fit placer le cada-
vre d'un mort alternativement sur chacune
des trois croix. Le mort ne donna aucun signe
de vie sur les deux premières, mais, dès qu'il
eut touché à la troisième ; il ressuscita ; tout
espèce de doute fut donc enlevé. Alors Ste-
Hélène envoya une partie de la vraie croix à
son fils, qui la reçut à Constantinople avec
beaucoup de respect. Elle en envoya encore
une autre partie à Rome pour l'église qu'elle
y fondait sous le nom de Ste-Croix, laissant
tout le reste à Jérusalem , à l'église de la
Résurrection ou du Saint-Sépulcre qu'elle fit
bâtir à l'endroit même où le précieux trésor
avait été trouvé. Bientôt, les peuples accou-
raient pour vénérer ce bois sanctifié par les
souffrances et la mort d'un Dieu, et que le

Seigneur se plaisait à glorifier par d'éclatants miracles. On en tirait, dit St. Paulin, dans sa lettre à Sévère, des fragments que l'on donnait aux personnes pieuses, sans que l'on remarquât la moindre diminution. Vingt-cinq ans après la découverte de la croix, St-Cyrille de Jérusalem disait que ce bois était répandu dans toute la terre et il comparait ce prodige à celui qu'opéra Jésus-Christ lorsqu'il nourrit miraculeusement cinq mille hommes dans le désert. Plus tard, en l'an 800, Charlemagne, étant à Rome, reçut, au milieu de riches présents que lui apporta le prêtre Zacharie de la part du patriarche de Jérusalem, un précieux philactère tout étincelant d'or et de pierreries renfermant une relique considérable de la croix du Sauveur ; mais le pieux roi ne resta pas longtemps en possession de son riche trésor.

II

Parmi les vaillants capitaines de Charle-

magne, dont les troubadours chantèrent dans
la suite les hauts faits, était Guilhem ; il
descendait du sang royal et se distingua toujours sur ses compagnons d'armes par sa
bravoure et par sa vertu. Créé, en 790, duc
d'Aquitaine et généralissime des armées de
Charles, il s'associa à l'œuvre civilisatrice,
à l'œuvre chrétienne que ce prince magna-
nime voulait réaliser au milieu des peuples
barbares. Fidèle à la mission qui lui avait
été confiée, il rend la paix à l'Aquitaine et
triomphe des Vascons ; délivre le Midi des
attaques des Sarrasins, les chasse d'Orange,
de Narbonne, s'empare de Barcelone, qui était
leur place forte, les repousse au-delà des
Pyrénées ; mais, en conquérant chrétien, il
travaille à établir partout le règne de la jus-
tice et de la vertu. La gloire de Dieu et le
triomphe du nom chrétien, telle était la noble
fin que se proposaient ces grands guerriers.

Après avoir rendu la paix à toutes les
provinces méridionales et à l'église, Guilhem,
poussé par cet ardent amour que l'illustre

race des Carlovingiens portait à la nombreuse
famille de Saint-Benoît, s'occupa à restaurer
plusieurs monastères et il les dotait d'abondan-
tes richesses. Il voulut même construire un
de ces pieux asiles. Il quitte donc pour quelque temps la cour de Charlemagne, va à la
recherche d'un lieu convenable ; il erre longtemps dans les Cevennes, traverse les âpres
montagnes du territoire de Lodève, et arrive
dans la vallée de Gellone. A la vue de ce
site pittoresque, embelli par des forêts touffues
et par les riantes eaux du Verdus et de
l'Hérault qui baignent les flancs des montagnes,
Guilhem comprit qu'il avait trouvé le lieu
qu'il cherchait.

Il se mit donc à l'œuvre, il veut présider
lui-même à tous les travaux, et le pieux duc,
de la même main dont il tenait sa vaillante
épée et gagnait des victoires, traça avec le
cordeau le plan de l'édifice ; ici, c'est l'oratoire
où des anges terrestres doivent passer une
partie des nuits dans la prière et les exercices
de la piété ; là, c'est le dortoir, l'hôtellerie et

la maison des pauvres, l'infirmerie et la salle des
novices ; un peu plus loin, on voit le cloître
élégamment décoré par le nombre de ses petites
colonnes surmontées de riches chapiteaux, et
par sa belle fontaine formée d'une colonne
ornée de mille dessins et couronnée d'une
grosse boule d'où sortaient quatre-vingts jets-
d'eau en formant une gerbe magnifique. Enfin,
tout à côté, on voit s'élever une superbe basilique à trois nefs, dont les transepts forment
la croix latine et qui se fait encore admirer
par la richesse de ses autels et le grandiose
de ses absides.

Lorsque Guilhem eut achevé son œuvre, il
s'adressa à St. Benoît, le priant de lui envoyer
une petite colonie qui devait grandir et for-
mer plus tard un peuple de saints. C'était en
l'année 804, et le valeureux duc goûtait dans
la solitude un bonheur qu'il préférait à la
gloire et aux honneurs de la cour ; mais voilà
qu'il lui fallut quitter ce délicieux séjour ;
Charles le réclamait près de lui dans son pays
des Francs. Guilhem ne perdit jamais de vue

cette vallée solitaire de Gellone, son saint et pieux asile; son cœur était resté au milieu des humbles moines, et il ne songeait qu'à quitter les pompes passagères du siècle pour la pauvreté de Jésus-Christ et les richesses éternelles.

Ne pouvant plus résister à cette sainte inclination qu'il regardait comme l'expression de la volonté de Dieu, il finit par aller trouver Charlemagne et lui tint ce discours où se revèle une grande âme :

« Charles, mon seigneur et mon père, vous savez combien je vous aime; vous m'êtes plus cher que la vie et la lumière. Vous savez avec quel dévouement je vous ai servi et tout ce que j'ai enduré pour vous sur les champs de bataille. Partout où il y avait du danger pour votre personne j'étais à vos côtés; avec vous j'ai affronté les périls et la mort. J'ai su exposer ma vie pour protéger la vôtre, vous faisant, en présence des batail-

lons ennemis, un rempart de mon corps. Maintenant donc, ô mon prince, écoutez avec bonté
la parole de votre chevalier ou plutôt de votre
ami. Je vous demande la permission de passer
des rangs de votre milice dans les rangs de
la Chevalerie du roi éternel ; car, depuis longtemps, mon vœu le plus ardent est de re-
noncer à tout pour aller servir Dieu dans le
monastère que, grâce à votre bonté, j'ai con-
struit dans le désert. »

Charlemagne, qui avait écouté ces paroles
avec une grande peine, resta quelque temps
immobile, puis, poussant un profond soupir
et versant des larmes, il répondit à son ami :
« Mon seigneur Guilhem, quelle dure parole
vous venez de prononcer ! vous m'avez blessé
au cœur par votre demande ; cependant, comme
elle est juste et raisonnable, je n'ai rien à dire.
Si vous aviez préféré à notre amitié un roi
ou un empereur quelconque, je le prendrais
à injure et je soulèverais contre lui l'univers
entier ; mais puisqu'il n'est rien de cela et
que vous souhaitez devenir soldat du roi des

anges, je ne saurai y mettre opposition. Je vous demande seulement une chose, c'est que vous acceptiez un présent comme un souvenir et un gage de notre amitié et de notre affection. »

Il dit et se jetant au cou de son ami il pleura longtemps : Oh! que n'ai-je pu prévoir cette douleur, répartit Guilhem, en vérité, je confesse ma faute; j'aurais pris la fuite sans rendre mes devoirs à Votre Majesté, car il ne convient pas qu'elle pousse la condescendance jusqu'à pleurer ainsi avec son serviteur. Maintenant donc, ô prince, au nom du Christ, faites ce qui est plus digne de vous et de moi; congédiez-moi vers notre commun maître, non avec tristesse, mais avec une joie spirituelle. Quant aux trésors que vous daignez m'offrir, vous le faites, sans doute comme toujours, avec une munificence royale; mais moi, qui abandonne pour le Christ tout ce qui est à moi, comment pourrais-je accepter ce qui est à vous? Que s'il vous plaît absolument d'offrir quelque chose à Dieu par mes mains, vous avez des

présents religieux que vous pouvez me donner
et moi accepter; je veux parler du bois précieux de la croix qui vous a été envoyé de
Jérusalem et que l'on vous remit en ma présence. Charlemagne tenait beaucoup à cette
relique, il hésita un instant dans sa royale
générosité, il la donna néanmoins à son ami,
ainsi que plusieurs ornements, en souvenir
de leur perpétuelle et chrétienne amitié (1).

Après avoir reçu ce riche présent des mains
de son auguste maître, Guilhem prit la route
vers le Midi; il quitta le pays des Francs et
entra en Auvergne. Arrivé à Brioude, il fit
comme un trophée de ses armes en les con-
sacrant à St-Julien. Il offrit son casque et son
bouclier sur le tombeau du saint martyr qui
avait été décapité pour la cause de Jésus-
Christ et suspendit à la porte de l'église son
arc, son carquois et son épée. Il reprit ensuite
de nouveau sa route et se dirigea vers le monastère de Gellone. Il y arriva nu-pieds, cou-

(1) Acta bened. apud Bolland, t. VII.

vert d'un cilice, et portant avec lui le riche
philactère de la vraie croix que lui avait remis
Charlemagne. C'était en l'année 806, le jour
de la fête des saints apôtres Pierre et Paul.

III.

C'est là, dans cette humble vallée, que, depuis cette époque, repose ce bois mille fois
béni, toujours environné du respect, de l'a-
mour et de la vénération de ses habitants. Le
culte rendu à la sainte croix est une des plus
belles pages de l'histoire du pays. Dès les premières années, il était déjà très-répandu.

Vers le milieu du 12° siècle, nous voyons
un gentilhomme du Languedoc, Pons de Lara-
ze, que l'église plaça plus tard sur ses autels,
revêtir les habits de pélerin. Après avoir vendu
ses immenses domaines, il répare les vols et
les injustices dont il s'était rendu coupable,
distribue le reste aux pauvres et arrive à Lo-

2

dève le jour du dimanche des Rameaux. Il était
nu-pieds, ayant au cou une corde par laquelle un homme le tenait comme un criminel,
le fustigeant continuellement avec des verges,
ainsi qu'il l'avait ordonné. Etant arrivé devant
l'évêque, il confesse publiquement ses fautes
et se rend à St-Guilhem, le Vendredi-Saint,
afin de vénérer la croix du Sauveur et obtenir
grâce et miséricorde.

L'histoire qui raconte ce fait nous dit qu'il
rencontra, dans ce pieux pélerinage, son ami,
le seigneur de Ganges, ainsi que plusieurs
autres seigneurs de la contrée qui étaient
venus, eux aussi, rendre leurs hommages à
cette croix vénérée. (1)

L'exemple des grands était imité du peuple
et on voyait alors arriver, de toute part, dans
la pittoresque vallée, de nombreux pélerins
qui venaient faire leur dévotion devant notre

(1) Histoire du Languedoc.

sainte relique. Nos pères nous parlent encore de ces religieuses caravanes et des éclatants miracles qu'elle opérait par sa vertu toute divine.

Il est bien sûr que tous les précieux monuments, qui devaient faire briller à nos yeux la gloire dont Dieu a bien voulu environner notre sainte relique, n'existent plus ; ils ont disparu dans la tourmente révolutionnaire, qui, dans sa rage satanique, voulait anéantir tout ce qui parlait de Dieu et des choses saintes. Mais il existe encore aujourd'hui, dans la bibliothèque de la ville de Montpellier, un manuscrit que Mabillon dit n'avoir pu être écrit avant l'an 1100, et qui porte une relation des miracles opérés par la vraie croix. Il est bien évident qu'il ne renferme pas tous les prodiges qu'opérait ce bois de bénédiction ; c'est ce que l'auteur veut nous faire comprendre lorsqu'en commençant il nous dit : « Cet étendard de Jésus-Christ, ce drapeau admirable, plein de toute vertu, guérissait de *nombreux malades*, délivrait les *affligés* et chassait les *démons* avec puissance. »

On amena un jour, du fond de l'Italie,
un énergumène ; il arrive à Gellone porté sur
un grabat et lié avec de grosses cordes ; il
est conduit à l'église, et aussitôt qu'on eut ap-
pliqué sur sa poitrine le bois divin, le dé-
mon sortit du corps avec un grand fracas et
proférant mille imprécations ; il occasionna
un grand bruit, brisa une fenêtre décorée de
vitres admirables et cassa une sonnette en
argent suspendue aux lambris du temple, que
Guilhem avait donnée, et qui servait à appeler
les religieux à l'office divin (1). Tous ces pieux
souvenirs sont fidèlement gardés dans l'esprit
des habitants de St-Guilhem, et, encore une
fois, qu'importe qu'on leur ait enlevé leurs pré-
cieuses archives ; ils ne sauraient les oublier.

Tous ces prodiges ne faisaient qu'exciter la
foi et la piété des peuples, et, non contents
de donner leur cœur à cette croix, instrument
de gloire et de salut, ils voulurent lui offrir
des présents. On vit alors de grands seigneurs

(1) Manuscrit de la bibliothèque de Montpellier.

se dépouiller d'une partie de leurs domaines et faire des dons considérables; ce sont nos rois de France, Louis le Débonnaire (1), Louis VII (2) et bien d'autres dont l'histoire ne nous a pas conservé les noms; mais, parmi ces illustres donateurs, nous sommes heureux et fier de rencontrer un nom qui nous est encore bien cher, c'est saint Fulcran, notre glorieux Pontife. Dans un codicile, daté du 7 des kalendes de décembre 988, il donne au monastère de St-Guilhem une mense (3) située dans le territoire de Joncquières, et dont les revenus doivent servir à faire brûler continuellement une lampe devant l'autel de la vraie Croix (4). Nous ne pourrions pas même énoncer les noms de tous les bienfaiteurs ; mais nous ne saurions passer sous silence tous ces moines qui, abandonnant les délices du siècle, venaient se consacrer à Dieu dans la solitude du cloître. Plusieurs d'entre eux étaient placés, dans le monde, au faîte des grandeurs. Sous cet ha-

(1) Gallia christ., t. VI, p. 265.
(2) Id. 288.
(3) Domaine seigneurial.
(4) Gallia christ., t. VI, p. 533.

bit grossier de bure il y a des princes, Juliofred, parent de Charlemagne ; Hardinge, frère de Charles-le-Simple ; il y a encore de hauts seigneurs, Guilhaume V de Moustuejouls, Guilhaume des deux Vierges, Hugues III de Fozières (1).... Ils ont préféré la sainte pauvreté de Jésus-Christ, et c'est au pied de sa croix qu'ils sont venus déposer leurs habits tissus d'or et toutes leurs richesses. Nous donnons, disaient-ils, à l'autel de St-Sauveur, à la vraie croix et à St-Guilhem, *altari Sancti Salvatoris, Sanctæ Cruci et Guillelmo.* (2)

Le Seigneur devait avoir ce culte et ces offrandes pour agréables, et voilà pourquoi il n'a jamais permis que ces dignes enfants de St-Guilhem fussent privés du trésor que tant d'autres leur enviaient.

Il est rapporté dans le manuscrit que nous avons déjà cité que deux moines peu dignes de ce nom et que l'histoire appelle dé-

(1) Chronologie des abbés de St-Guilhem.
(2) C'était le titre des chartes de donation.

moniaques et larrons, plutôt que moines
et frères, — *monachi sed demoniaci, non fra-*
tres sed fures, — se présentèrent, demandant
à faire une neuvaine de prières devant
l'autel de la sainte croix. Sur leur demande,
l'abbé du monastère leur accorda de passer
la nuit dans l'église. Quelques jours après,
les faux pélerins eurent disparu, laissant
les portes de l'église ouvertes; ils avaient
emporté avec eux la vraie croix; mais la
main du Seigneur les poursuivait. A peine
furent-ils sortis du village, voilà que celui
qui portait le riche trésor se sent arrêté
par une force invisible qui l'empêche d'a-
vancer; celui qui voulait se charger du
précieux fardeau était à l'instant même
sous le coup de cette influence mystérieuse,
et ils se voient tous contraints d'abandonner
la sainte relique. Ils la cachent dans la neige
qui fond à l'instant, et s'enfuient afin d'é-
viter les poursuites des religieux de l'abbaye.
Ceux-ci s'aperçurent du vol en se rendant à
l'office du matin, et se hâtèrent de poursuivre
les coupables; mais Dieu fit bientôt cesser leurs
justes alarmes. Ils arrivent à l'endroit où était

la croix, et une nuée transparente qui s'élève
de terre leur indique le lieu même où elle
reposait. Transportés d'une sainte joie, ils ren-
dent grâce au ciel et viennent tous ensemble
prendre la sainte relique au milieu du chant
de pieux cantiques.

Afin de perpétuer la mémoire de ce miracle,
ils firent ensuite bâtir une chapelle en cet endroit même où ils avaient trouvé la sainte croix.
Ce petit sanctuaire a été détruit dans la suite
des temps, et les habitants de St-Guilhem y
firent dresser une croix qui existe encore et
qui porte le nom de Croix de l'*Adouradou* ou
de l'adoration.

Nous regrettons beaucoup qu'un de nos sa-
vants archéologues, qui s'est plû à faire revivre les antiques souvenirs de Gellone, ait
osé comparer ces faits merveilleux, attestés par
toute une tradition populaire et par des monuments encore existants, aux fables de la
Grèce et de Rome, aux métamorphoses de

Protée et aux excursions de Jupiter et de
Mercure. Nous ne voulons pas qualifier ce
langage, mais le lecteur éprouvera ce senti-
ment d'indignation que nous croyons devoir
refouler dans notre cœur.

La sainte croix a été encore exposée à
d'autres dangers, et toujours elle a été miraculeusement sauvegardée. Lorsque vinrent les
jours mauvais où les choses saintes étaient
profanées, la vraie croix, sur laquelle veil-
laient tous les cœurs émus, fut préservée des
mains sacriléges et précieusement conservée.
Les féroces Vandales, après avoir renversé
les autels et brisé les images des saints, se
contentèrent de prendre le reliquaire, qui était
en or, ainsi que les richesses de la chapelle.
Mais un homme courageux, dont la mémoire
est en bénédiction dans le pays, et qui avait
voulu être le témoin du pillage, se présenta
à eux et obtint de ces fameux scélérats le
bois sacré dont ils ne connaissaient pas tout
le prix. Heureux et content, il s'en revint chez
lui, amenant plusieurs témoins oculaires de

ces faits, et, après avoir dressé un acte, qui
devait plus tard établir l'authenticité de la
relique, il la plaça dans une boîte en fer
blanc qu'il conserva religieusement. Nous avons
encore ce modeste reliquaire, fait en forme de
croix, ainsi que la petite pièce manuscrite que
nous voulons vous traduire : « *Lors de la
Révolution française, en 1791, la nation dé-
pouilla les églises de France ; à cette époque,
les religieux bénédictins furent supprimés.
Cette relique, fragment précieux de la vraie
croix de Jésus-Christ, fut conservée par Jac-
ques Laffon, organiste dudit monastère, et fut
remise par lui à M. Clavel, curé de Saint-
Guilhem, le 30 mai 1804.* »

A cette époque, en effet, elle fut présentée
à la vénération des fidèles, elle fut exposée
sur son autel encore tout mutilé; et, avec quelle
joie, les habitants de St-Guilhem ne durent-
ils pas revoir intacte cette croix qui avait été
pendant si longtemps ravie à leurs pieux
regards. Ils continuèrent à célébrer les fêtes
établies en son honneur avec la même pompe,

mais ils ne purent lui rendre les riches ornements dont elle avait été dépouillée.

En 1825, Mgr Fournier, d'heureuse mémoire, vérifia la relique ; il lui fit présent
d'un joli reliquaire en ébène, monté en argent,
et, afin de faire cesser certains vols assez
considérables commis par ceux-mêmes qui en
étaient les premiers gardiens, il lança l'ex-
communication contre ceux qui dans la suite
voudraient y toucher. « Si quelqu'un, dit la
censure épiscopale, ose emporter ces reliques
ou en prendre la moindre parcelle, ou même le
conseiller, il encourra par le seul fait l'excom-
munication à nous réservée. » Cette sentence
est gravée en latin et en français sur l'autel
même de la sainte croix. Néanmoins, les
habitants de St-Guilhem ne purent voir, sans
en être blessés jusqu'au fond de leur âme, ces
vols sacriléges. Ne croyez pas qu'ils puissent
jamais les oublier ; ils se plaisent au con-
traire à les dénoncer à leurs petits enfants, afin
que, eux aussi à leur tour, puissent réclamer
ces précieux fragments si injustement enlevés.

Espérons qu'un jour ils comprendront la grandeur de leur faute et qu'ils se hâteront de la réparer.

Aujourd'hui, le voyageur qui va visiter les ruines de Gellone est obligé, en entrant dans l'ancienne basilique, de demander l'autel où repose ce bois devant lequel les siècles se sont prosternés, et quel n'est pas son étonnement lorsqu'il se voit conduit devant une pauvre et étroite chapelle, qui n'a, pour tout ornement, qu'un autel délabré, où ne brille pas même la modeste lampe du sanctuaire. C'est là pourtant qu'il se prosterne, c'est là qu'il adore et répand son cœur, et, s'il est assez heureux pour voir cette croix sur laquelle notre divin Sauveur a expiré, qu'il vous dise sa douleur lorsqu'il voit ce reliquaire tombant en morceaux, tout usé par le temps et plus encore par les baisers que de nombreux pélerins vont y déposer chaque année aux jour de l'Invention et de l'Exaltation.

Mais ce qui est consolant, c'est que cette

croix n'en est pas moins chère au cœur de tous. Sa pauvreté n'a pas nui à sa gloire, et si les habitants de St-Guilhem n'ont pu lui donner un autel richement décoré et un trône d'or, ils n'ont jamais cessé de lui offrir des cœurs aimants et dévoués. Elle est leur unique trésor; c'est à elle qu'ils ont recours dans leurs besoins; c'est sous sa protection qu'ils placent leurs maisons, leurs champs; c'est par elle qu'ils demandent au ciel l'eau qui doit rafraîchir leurs campagnes; c'est là qu'ils vont se délasser le soir des fatigues de leur pénible travail; ils vivent en paix et se croient à l'abri de tout danger parce qu'ils ont la sainte croix au milieu d'eux.

Liés encore vis-à-vis de cette croix sainte et salutaire par le double lien de la reconnaissance et de l'amour, ces bons habitants de St-Guilhem auraient voulu depuis longtemps orner son sanctuaire; mais leurs faibles ressources ne leur ont jamais permis de grands sacrifices. Enfant du pays, dévoué par conséquent à cette relique insigne qui a abrité notre enfance et notre vie cléricale, nous avons trouvé ce désir dans l'âme de nos frères, et nous avons voulu en être l'interprète, car, nul autre que nous ne pouvait mieux le comprendre. Nous l'avons fait notre œuvre, et nous venons vous la proposer, espérant qu'elle trouvera de vives sympathies dans vos cœurs. Nous voulons restaurer l'autel et placer la vraie croix dans un reliquaire convenable; mais, pour cela, nous devons compter sur le dévouement et la générosité de Messieurs les ecclésiastiques, de nos amis et de toutes les personnes pieuses et charitables.

Ne refusez pas une obole à la croix de Jésus-Christ; donnons-lui cette marque de notre respect et de notre amour. S'il est méritoire pour nous d'orner les autels du vrai Dieu, ne sera-t-il pas plus glorieux d'orner la vraie croix qui est l'autel sur lequel le fils de Dieu s'est offert pour la première fois en sacrifice à Dieu son Père pour le salut de nous tous. Le Sauveur Jésus, qui, du haut de cette croix, a fait descendre les bénédictions du ciel sur la terre coupable, vous bénira vous aussi. Cette croix vous protégera, et, comme témoignage anticipé de notre reconnaissance, nous vous promettons, à perpétuité, deux messes qui se diront, chaque année, les jours des fêtes de la Croix, en faveur de tous nos souscripteurs vivants et trépassés. De plus, leurs noms seront fidèlement gardés dans un registre à ce destiné et qui sera placé dans l'autel que nous voulons restaurer. Puisse ma demande arriver jusqu'à vos cœurs et les ouvrir à la charité.

Lodève, Typ. Grillières.

X

CPSIA information can be obtained at www.ICGtesting.com
Printed in the USA
LVOW09*1516060214

372657LV00024B/1088/P